LAS ESTRELLAS

Lynn M. Stone

rourkeeducationalmedia.com

www.rourkeeducationalmedia.com

PHOTO CREDITS: All images © NASA; except page 4: © Soubrettepage; 10: © Derris Lanier; page 12: © konradlew; page 13: © Heintje Joseph Lee; page 18-19: © Iain Jaques

Editor: Meg Greve
Cover and Interior designed by: Tara Raymo
Translation by Dr. Arnhilda Badía

Stone, Lynn M.
Las estrellas / Lynn M. Stone
  ISBN 978-1-62717-321-6 (soft cover - Spanish)
  ISBN 978-1-62717-450-3 (e-Book - Spanish)
  ISBN 978-1-60472-297-0 (hard cover - English) (alk. paper)
  ISBN 978-1-60472-958-0 (soft cover - English)
  ISBN 978-1-61590-750-2 (e-Book - English)

Printed in China, FOFO I - Production Company
  Shenzhen, Guangdong Province

rourkeeducationalmedia.com

customerservice@rourkeeducationalmedia.com • PO Box 643328 Vero Beach, Florida 32964

Contenido

Las estrellas

Mira al cielo en una noche despejada y sin duda, verás algunas estrellas. Se ven como pequeñas luces parpadeantes.

¡Hay tantas estrellas en el espacio exterior, que nunca podríamos contarlas todas!

Las estrellas son gigantes bolas de **gas**.
Son extremadamente calientes y brillantes.

Bucles de gas se elevan desde el Sol.

Las estrellas están hechas, principalmente, de un gas llamado hidrógeno.

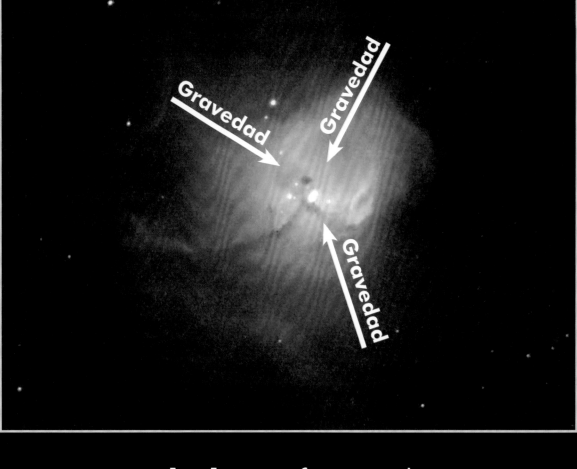

La **gravedad**, una fuerza de atracción de gran alcance, mantiene juntos los gases que forman las estrellas.

Las estrellas más calientes pueden alcanzar una temperatura de casi 100,000 ° F (56,000 ° C).

La estrella más cercana

La mayoría de las estrellas están a billones de millas de distancia de la Tierra. Una estrella, el Sol, está mucho más cerca de la Tierra que cualquier otra. El Sol está alrededor de 93 millones de millas (149 millones de kilómetros) de la Tierra.

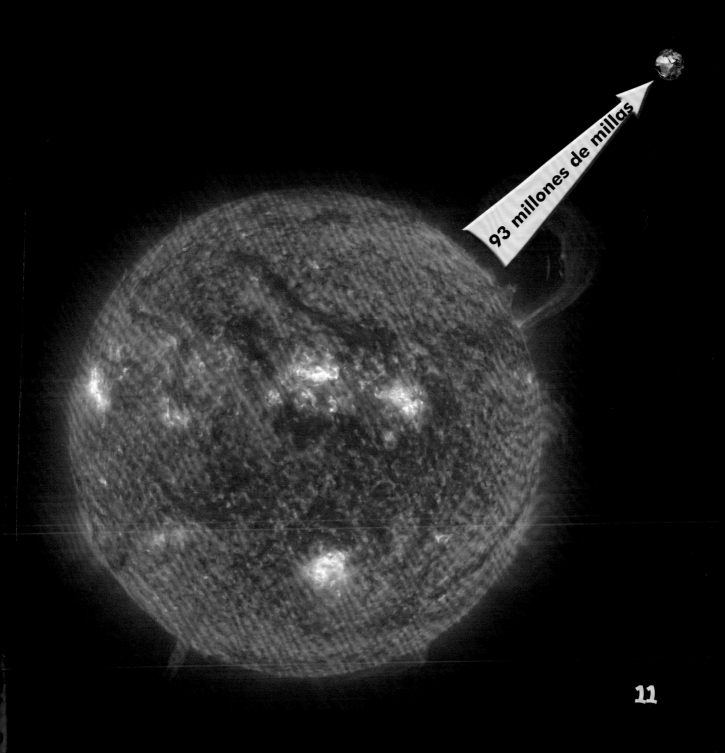

93 millones de millas

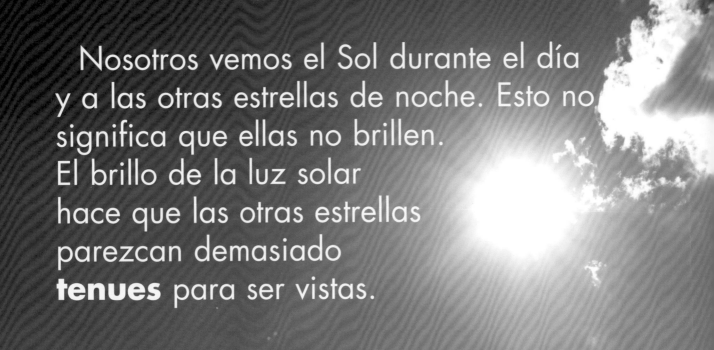

Nosotros vemos el Sol durante el día y a las otras estrellas de noche. Esto no significa que ellas no brillen.
El brillo de la luz solar
hace que las otras estrellas
parezcan demasiado
tenues para ser vistas.

día

noche

13

Diferentes tipos de estrellas

Las estrellas cambian a lo largo de millones de años. Se hacen más pequeñas a medida que sus gases pierden su energía.

Una supernova, o una estrella azul gigante que se está extinguiendo, es tan brillante que puede ser vista a través de cualquier galaxia.

Las estrellas pueden ser de diferentes edades, tamaños, temperaturas, brillo y colores. Las estrellas más frías parecen ser de color rojo, mientras que las estrellas más calientes pueden ser de color azul o blanco.

Los astrónomos miran a través de los filtros especiales de un telescopio para poder ver los colores de una estrella.

A veces, es posible ver lo que llamamos trazos luminosos o estrellas fugaces. Estos rayos de luz no son realmente estrellas, son **meteoroides** ardiendo en nuestra **atmósfera**.

meteoroide

19

La Vía Láctea

Las estrellas que podemos ver componen la **Vía Láctea**. Se trata de un grupo de más de 100 billones de estrellas. La Vía Láctea es la **galaxia** en la que vivimos.

La Vía Láctea es una de billones de galaxias.

Nadie sabe con exactitud el número de galaxias que hay en nuestro universo. ¡Los científicos están seguros de que hay billones por descubrir!

Glosario

atmósfera: la mezcla de gases que rodean un planeta

tenue: que no es brillante

galaxia: un grupo de varios billones de estrellas

gas: la materia, como el aire, que no es un líquido o un sólido

gravedad: una fuerza física poderosa que atrae objetos hacia ella

meteoroides: pequeños trozos de rocas o escombros en el sistema solar

Vía Láctea: la galaxia visible a la que pertenece nuestro sistema solar

índice

Lecturas

Twist, Clint. *Stars*. School Specialty Publishing, 2006.
Mitchell, Melanie S. *Sun*. Lerner, 2004.
Bingham, Caroline. *First Space Encyclopedia*. DK Publishing, 2008.

Páginas Web

hubblesite.org/the_telescope/hubble_essentials
www.frontiernet.net/~kidpower/astronomy.html
www.astronomy.com/stars.htm
www.esq.int/esakIDSen/starsandgalaxies.html

Sobre el autor

Lynn M. Stone es un fotógrafo que ha ampliamente publicado fotografías de la vida salvaje y doméstica de animales y es autor de más de 500 libros de niños. Su libro, Box Turtles fue seleccionado como un libro excepcional de ciencias por Selectors' Choice en el 2008 y por el Comité de Ciencias de la Asociación Nacional de maestros y del Consejo de libros para niños.